Bibliografische Information der Deutschen Nationalbibliothek:

Die Deutsche Bibliothek verzeichnet diese Publikation in der Deutschen National-bibliografie; detaillierte bibliografische Daten sind im Internet über http://dnb.d-nb.de/ abrufbar.

Impressum:

Copyright © 2019 GRIN Verlag
Druck und Bindung: Books on Demand GmbH, Norderstedt Germany
ISBN: 9783346010209

Dieses Buch bei GRIN:

https://www.grin.com/document/496927

Georg Sitter

Ressourcenminimierte Durchführung des Zulassungsverfahrens für Lehramtsstudien an Pädagogischen Hochschulen. Anwendung der Software PHSelect

Pflichtenheft, Use-Cases und konzeptuelles Datenmodell

GRIN Verlag

GRIN - Your knowledge has value

Der GRIN Verlag publiziert seit 1998 wissenschaftliche Arbeiten von Studenten, Hochschullehrern und anderen Akademikern als eBook und gedrucktes Buch. Die Verlagswebsite www.grin.com ist die ideale Plattform zur Veröffentlichung von Hausarbeiten, Abschlussarbeiten, wissenschaftlichen Aufsätzen, Dissertationen und Fachbüchern.

Besuchen Sie uns im Internet:

http://www.grin.com/

http://www.facebook.com/grincom

http://www.twitter.com/grin_com

Ressourcenminimierte Durchführung des Zulassungsverfahrens für Lehramtsstudien an Pädagogischen Hochschulen mit Hilfe der Software PHSelect – Pflichtenheft, Use-Cases, konzeptuelles Datenmodell

Autor: Dipl. Ing. Georg Sitter, BSc, BEd

Kurzfassung

Diese Arbeit basiert auf dem Softwareprojekt PHSelect, das durch die Pädagogische Hochschule Kärnten zur ressourcenminimierten Durchführung des Eignungsverfahrens entwickelt wurde. Die Software PHSelect ist eine Ergänzung zum zentral bereitgestellten Portal www.zulassunglehramt.at.

Zentrale Komponenten von PHSelect sind die automatisierte Terminvergabe für Studienwerber_innen für das Modul B und Modul C/C1/C2 sowie definierte Importe und Exporte aus www.zulassunglehramt.at nach PHSelect. Weiters ist nach den vorliegenden Ergebnissen der einzelnen Module eine automatisierte Reihungsermittlung der Studienwerber_innen implementiert.

Ziel der Arbeit ist es, den Ablauf des Zulassungsverfahrens für Pädagogische Hochschulen zu beschreiben und dieses mit minimal notwendigen Ressourcen operativ durchführen zu können. Daraus leitet sich ein definiertes Pflichtenheft, Use-Case-Diagramm sowie ein konzeptuelles Datenmodell für die Software PHSelect ab.

Schlüsselwörter:
PHSelect, Zulassungsverfahren, Eignungsverfahren

Inhaltsverzeichnis

Abbildungsverzeichnis

Abkürzungsverzeichnis

F2F   Face-to-Face (im Zusammenhang mit F2F-Assessment)
ER   Entity-Relationship
SRS   Software Requirement Specification (Pflichtenheft)

1 Einleitung

Die vorliegende Arbeit beschreibt die Entwicklung eines Softwaresystems zur Unterstützung der Optimierung des Eignungsverfahrens an Pädagogischen Hochschulen. Prinzipiell steht im Entwicklungsverbund Süd-Ost das zentrale Portal www.zulassunglehramt.at zur Verfügung. Dieses Tool bietet jedoch nicht alle notwendigen Funktionalitäten, die für Pädagogische Hochschulen im Zuge des Eignungsverfahrens notwendig sind.

Es soll daher ein Pflichtenheft und ein daraus resultierendes konzeptuelles Datenmodell erstellt werden, das eine ressourcenminimierte Durchführung des Zulassungsverfahrens an Pädagogischen Hochschulen ermöglicht.

Um die gegebene Aufgabenstellung zu lösen, werden zunächst Grundlagen des Zulassungsverfahrens, sowie der derzeitige Ablauf mit dem Portal www.zulassunglehramt.at erklärt. Darauffolgend werden Mängel dieses Portals aufgelistet und die notwendigen additiven Funktionen der Zusatzsoftware PHSelect beschrieben.
Grundlagen von Softwareentwicklungen werden in Kapitel 3 in aller Kürze erläutert. Genauer eingegangen wird jedoch nur auf Charakteristika und Anforderungen an ein Pflichtenheft (Software Requirements Specification).
Im Kapitel 4 findet man das Pflichtenheft für das Projekt PHSelect. Das Kapitel 5 modelliert die Hauptfunktionalität des Systems in einem Use-Case-Diagramm, basierend auf dem erstellten Pflichtenheft. Kapitel 6 beschäftigt sich mit dem konzeptuellen Datenmodell.

Es wird angemerkt, dass alle personifizierten Bezeichnungen im Sinne des Gender-Mainstreaming sowohl männlich als auch weiblich verstanden werden.

2   Das Zulassungsverfahren im Überblick

In den folgenden Subkapiteln werden zunächst die gesetzlichen Grundlagen des Zulassungsverfahrens und anschließend der Ablauf des Zulassungsverfahrens mit dem Portal www.zulassunglehramt.at erläutert. Anschließend werden Mängel dieser zentralen Plattform aufgelistet. Aufgrund dieser Mängel wird der optimale Ablauf des Zulassungsverfahrens an Pädagogischen Hochschulen mit Hilfe der Zusatzsoftware PHSelect aufgeführt.

2.1   Gesetzliche Grundlagen des Zulassungsverfahrens [1]

Die Feststellung der Eignung wird im Entwicklungsverbund Süd-Ost im Rahmen eines Eignungsverfahrens festgestellt. Dieses Eignungsverfahren besteht aus drei Stufen bzw. Modulen:

Stufe bzw. Modul A: Online-Self-Assessment

Dies ist ein wissenschaftlich fundiertes Selbsterkundungsverfahren, wobei die Absolvierung verpflichtend ist, nicht jedoch die Offenlegung der Ergebnisse durch die Studienwerber_innen.

Stufe bzw. Modul B: Computerbasierte Eignungsfeststellung

Bei der computerbasierten Eignungsfeststellung werden kognitive, sprachliche und persönliche Ressourcen und Kompetenzen erfasst.

Stufe bzw. Modul C: Face-to-Face Assessment

Prinzipiell wird dieses Modul an jeder Hochschule institutionsspezifisch umgesetzt, wobei das Face-to-Face-Assessment an allen Hochschulen im Entwicklungsverbund Süd-Ost obligatorisch durchgeführt wird.
Das Face-to-Face Assessment findet im Rahmen eines ca. 15-minütigen standardisierten Gesprächs statt und dient dazu, relevante persönliche Eigenschaften für den Lehrberuf zu bewerten. In diesem Gespräch erfolgt in der Regel auch eine Überprüfung der physiologischen Stimm- und Sprechleistung.

Beim Modul C gibt es weitere Überprüfungen, die auch als Modul C+ oder Modul C1, C2, etc. bezeichnet werden.

   a) Feststellung der musikalisch-rhythmischen Bildbarkeit in den Bereichen Rhythmus, Singen, Bewegung
   b) Feststellung der körperlich-motorischen Eignung in den Bereichen Grundlagen der Motorik, konditionelle und koordinative Fähigkeiten (Rhythmus, Gleichgewicht, Raumorientierung, Reaktion, kinästhetische Differenzierung, Kraft, Schnelligkeit, Ausdauer, Beweglichkeit etc.)

2.2   Internetplattform www.zulassunglehramt.at [2]

Das Anmeldeportal auf der Internetplattform www.zulassunglehramt.at stellt das zentrale Managementsystem für Studienwerber_innen und Bildungseinrichtungen dar.

In Abbildung 1 werden die wichtigsten Funktionen im Workflow des Zulassungsverfahrens auf der Plattform www.zulassunglehramt.at gezeigt.

Das Modul A besteht dabei aus der Selbstregistrierung der Studienwerber_innen. Anschließend ist das Online-Self-Assessment durchzuführen. In einem weiteren Schritt erfolgt die unverbindliche

Auswahl von Studienort und Studium sowie die verbindliche Auswahl des Prüfungsortes für das Modul B. Nach der Bezahlung des Kostenbeitrags für die Durchführung des Zulassungsverfahrens erhalten die Studienwerber_innen eine Registrierungsbestätigung. Zeitgleich sehen die entsprechenden Bildungseinrichtungen auch diese Registrierung auf der Plattform.

Für das Modul B müssen die Bildungseinrichtungen, an denen die Studienwerber_innen die elektronische Prüfung durchführen wollen, Termine für die einzelnen Studienwerber_innen auf der Plattform eintragen. Nach der erfolgreichen Durchführung der elektronischen Prüfung müssen Studienwerber_innen eine endgültige Bestätigung des Studienortes und des Studiums durchführen. Dies wird auf der Plattform www.zulassunglehramt.at als "Antrag auf Zulassung" bezeichnet. Natürlich sind diese Bestätigungen des Studienortes und des gewählten Studiums auch für die Bildungseinrichtungen einsichtig. Wurde das Modul B nicht bestanden, so kann der/die Studienwerber_in erst im kommenden Studienjahr die elektronische Prüfung wiederholen.

Beim Modul C wird seitens www.zulassunglehramt.at das standardisierte Face-to-Face-Assessment angeboten, dass auch von der PH Kärnten für den Bereich der Primarstufe obligat durchgeführt wird. Die F2F-Gespräche werden dabei von eigens geschulten Assessoren_innen durchgeführt. Bis zum Jahr 2019 mussten dabei spezielle Fragebögen ausgefüllt werden. Nach Abschluss der F2F-Gespräche mussten diese Fragebögen eingescannt und über die Plattform wieder bei www.zulassunglehramt.at hochgeladen werden. Die Ergebnisse wurden nach der Auswertung durch die KFU Graz wieder im Portal eingespielt. Ab dem Jahr 2019 können nun diese Fragebögen auch über ein Online-Formular übertragen werden (sog. "Pilot Modul C online")

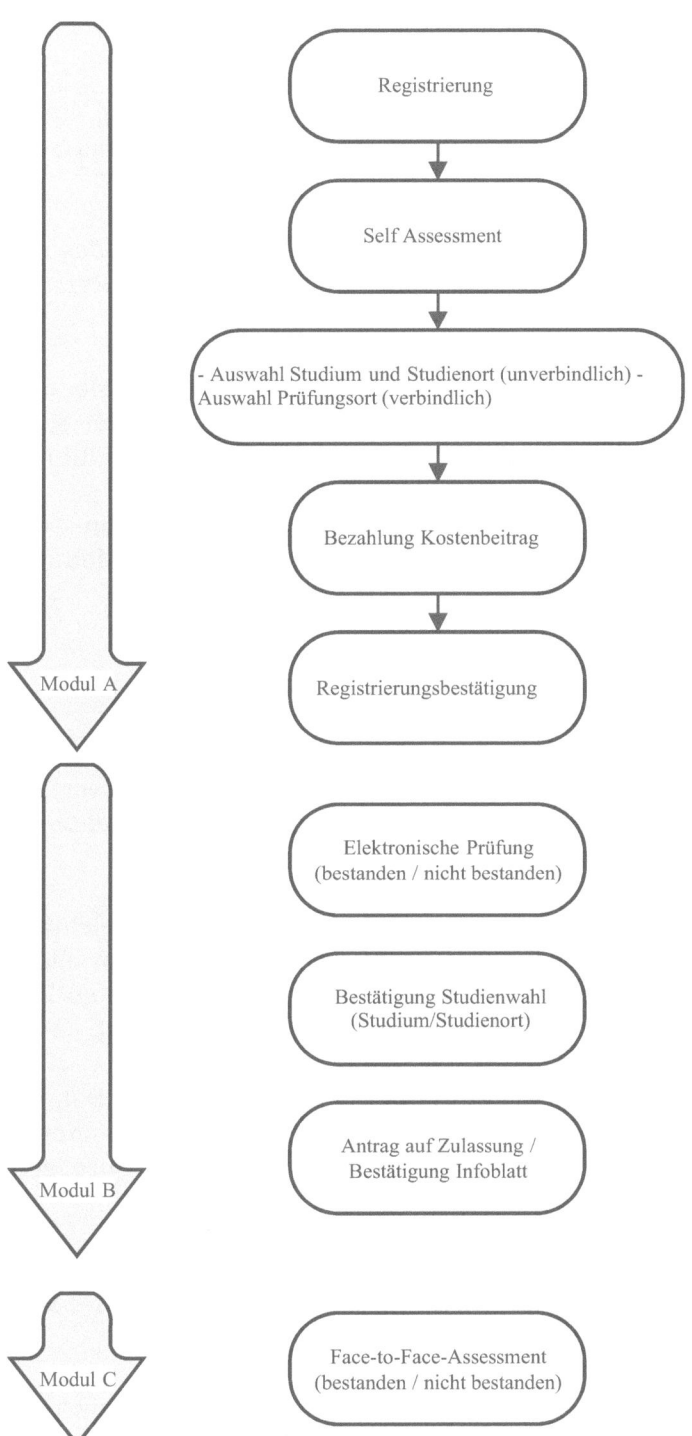

Abbildung 1: Ablauf des Aufnahmeverfahrens unter www.zulassunglehramt.at

2.3   Mängel der Internetplattform www.zulassunglehramt.at

Für die Durchführung des allgemeinen Zulassungsverfahrens für die Sekundarstufe sind die Funktionalitäten der Plattform www.zulassunglehramt.at ausreichend, da als Zulassungsvoraussetzung nur das Bestehen beim elektronischen Zulassungstest notwendig ist.

Die Abwicklung des Zulassungsverfahrens für die Primarstufe (also insbesondere für Pädagogische Hochschulen) ist jedoch nur mit massiven zeitlichen (und damit auch personellen) Ressourcen durchführbar.
Folgende fehlende Funktionalitäten sind dabei aufzuzählen:
- keine (automatisierte) Terminverwaltung der Studienwerber_innen sowohl für Modul B als auch Modul C möglich. Dies impliziert, dass das gesamte Terminmanagement für Studienwerber_innen, Prüfer_innen und Räume von den einzelnen Hochschulen durchgeführt werden muss.
- Die Endergebnisse müssen ebenfalls von den Hochschulen erst aus den Ergebnissen der beiden online abrufbaren Teilen (Modul B, F2F-Assessment) und den beiden Modulen C1 und C2 zusammengeführt und ausgewertet werden.

2.4   Die Zusatzsoftware PHSelect der PH Kärnten

Aufgrund des hohen administrativen Aufwandes bei der Durchführung des Zulassungsverfahrens hat sich die PH Kärnten dazu entschlossen, eine eigene, internetbasierende Software zu entwickeln, um den immens hohen zeitlichen Aufwand zu minimieren.

Diese zusätzliche Software ist kein Konkurrenzprodukt zur Plattform www.zulassunglehramt.at, sondern eine Ergänzung für Pädagogische Hochschulen. Die Software PHSelect bietet vor allem die unter Kapitel 2.3 angeführten fehlenden Funktionalitäten an und arbeitet in bestimmten Phasen des Zulassungsverfahrens in einem Hand-Shake-Verfahren mit www.zulassunglehramt.at.

Abbildung 2 zeigt den Workflow des Zulassungsverfahrens mit der Software PHSelect. Dabei werden alle Funktionalitäten, die von www.zulassunglehramt.at genutzt werden auf der rechten Seite dargestellt. In der linken Spalte sind die einzelnen Schritte zu sehen, die von PHSelect durchgeführt werden.

Die Funktionalitäten für das Modul A werden zur Gänze von www.zulassunglehramt.at benutzt. Die Software PHSelect kommt erst nach dem Ende der Registrierungsfrist (in der Regel der 15. Mai des gegenwärtigen Studienjahres für das kommende Studienjahr) zum Einsatz.

Dabei werden zunächst alle Studienwerber_innen aus www.zulassunglehramt.at exportiert, die in irgendeiner Form im Laufe des Zulassungsverfahrens mit der PH Kärnten zu tun haben werden. Es gibt folgende Varianten:
1. Studienwerber_in hat sich für das Modul B an der PH Kärnten entschieden. In diesem Fall muss der Studienwerber_in aber nicht zwangsweise an der PH Kärnten studieren wollen, sondern absolviert ausschließlich das Modul B an der PH Kärnten.
2. Studienwerber_in hat sich bei der Kombination aus Studienort und Studium für die PH Kärnten entschieden. Es kann dabei aber auch vorkommen, dass der Studienwerber_in das Modul B an einer anderen Partnerinstitution absolviert, sofern die Fristen dies zulassen.

Die notwendigen Daten der Studienwerber_innen werden dann in das System PHSelect importiert und in einem ersten Schritt die Termine für das Modul B automatisiert zugewiesen. Sämtliche Teilnehmer für das Modul B erhalten durch das System eine Emailverständigung, zu welcher Zeit und in welchem Raum das Modul B stattfindet. Sollte ein Teilnehmer zum angegebenen Zeitpunkt verhindert sein, so kann der Termin im System einfach verschoben und eine abermalige Verständigung ausgesendet werden. Auch die Prüfer, die das Modul B vor Ort beaufsichtigen erhalten durch das System ihre zugewiesenen Termine und Räume.

Vor der operativen Durchführung des Moduls B wird eine Datei generiert, die direkt in www.zulassunglehramt.at wieder eingespielt werden kann. Diese Termine werden von www.zulassunglehramt.at verlangt, da sich bei der Durchführung des Moduls B die Studienwerber_innen aus einer Kombination aus eindeutiger Benutzerkennung und Kennwort für den speziellen Termin einloggen.

In Abbildung 2 ist der Workflow nun bei der elektronischen Prüfung angelangt. Das Ergebnis dieser Testung wird nun von www.zulassunglehramt.at bei den Studienwerber_innen eingetragen. Das Ergebnis besteht aus bestanden bzw. nicht bestanden und einem gewichteten Punktewert.
Nach der Veröffentlichung der Ergebnisse müssen nun Studienwerber_innen unter www.zulassunglehramt.at eine verbindliche Auswahl für den Studienort und Studium wählen. Dieser Vorgang wird "Antrag auf Zulassung" bezeichnet.

Nach dem "Antrag auf Zulassung" werden die Systeme www.zulassunglehramt.at und PHSelect wieder abgeglichen. Dabei werden die Ergebnisse des Moduls B in PHSelect importiert und auch mögliche neue Teilnehmer für das Modul C identifiziert.
Für das Modul C an der PH Kärnten bleiben dann nur jene Teilnehmer übrig, die das Modul B positiv absolviert und den "Antrag auf Zulassung" für die PH Kärnten – Primarstufe – gestellt haben.
Bei diesem Vorgang kommt es vor, dass einige Teilnehmer den verbindlichen "Antrag auf Zulassung" an einer anderen Hochschule gestellt haben oder an die PHKärnten wechseln.
Daher können erst nach diesem Abgleich die Termine für das Modul C an der PH Kärnten vergeben werden. Das Modul C besteht aus drei Teilüberprüfungen (siehe Kapitel 2.1), wobei alle drei Überprüfungen bestanden werden müssen.

Nach der Durchführung des Moduls C werden zunächst die Ergebnisse der lokal an der Hochschule durchgeführten Testungen in PHSelect importiert. Das Ergebnis des F2F-Assessments liegt in der Regel einige Tage danach unter www.zulassunglehramt.at auf und wird ebenfalls nach PHSelect importiert.

Nach dem Abschluss der Importvorgänge erstellt PHSelect aufgrund der erreichten Punkte in den einzelnen Teilbereichen eine Reihung der Studienwerber_innen. Diese Reihung ist insbesondere dann wichtig, wenn die Anzahl der erfolgreich bestandenen Zulassungsteilnehmer_innen die Anzahl der Studenplätze übersteigt.

Über das System PHOnline werden dann die Endergebnisse inkl. Studienplatzvergabe an die Studienwerber_innen ausgesendet.

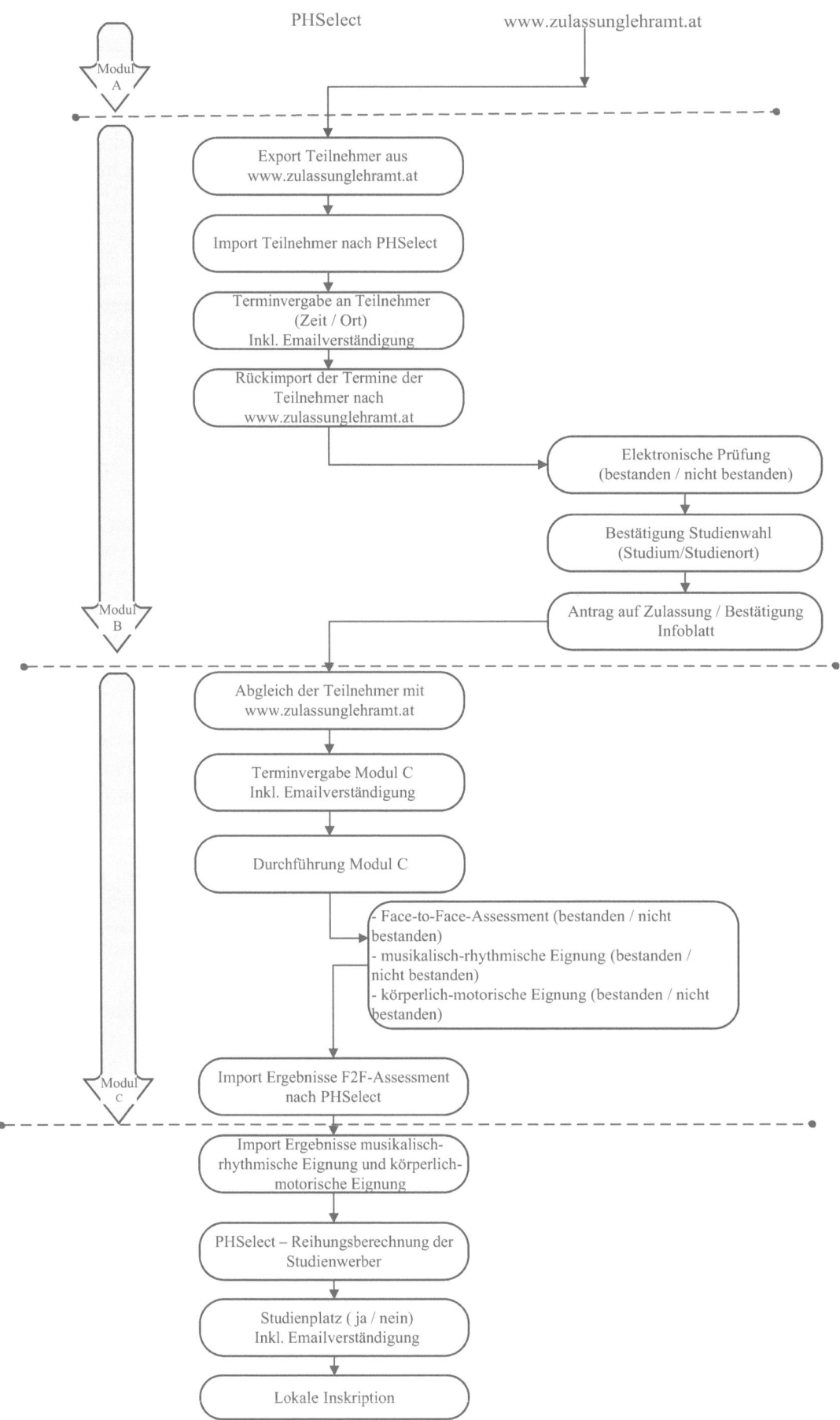

Abbildung 2: Workflow des Zulassungsverfahrens mit PHSelect

3   Softwareentwicklung – Grundlagen

Auf wissenschaftliche Grundlagen von Softwareentwicklungsabläufen und -prozessen wird in dieser Arbeit nicht speziell eingegangen.

Verwiesen wird hier zunächst auf eine entsprechende Vorgehensmodellierung. Ziel der Vorgehensmodellierung ist es, die Softwareentwicklung strukturiert ablaufen zu lassen. Dabei geht es insbesondere darum, herauszufinden, welche Tätigkeiten in welcher Reihenfolge getan werden müssen. Nachzulesen sind Grundlagen darüber beispielsweise [3], [4], [5].

Ebenfalls darf in Hinblick auf die Grundlagen des "Requirements Engineering" auf folgende Literatur verwiesen werden: [6], [7], [8], [9], [10] [11].
Requirements Engineering ist ein Prozess, in dem erhoben und modelliert wird, was zu tun ist, bzw. was das System tun soll. Zielsetzung ist es, die Anforderungen an ein System möglichst exakt zu ermitteln. Am Ende soll eine eindeutige Beschreibung der Anforderungen an ein System vorliegen. Diese Beschreibung soll sowohl dem Auftraggeber als auch dem Entwickler als Grundlage für die korrekte Systemerstellung dienen. Weiters dient sie als Basis für die Verifikation während des Entwicklungsprozesses und die Abnahme bzw. die Validierung des Endprodukts durch den Kunden.

Da das Pflichtenheft für die Software PHSelect ein wesentlicher Bestandteil dieser Arbeit ist, wird hier genauer auf Grundlagen eingegangen.

3.1   Software Requirements Specification SRS - Pflichtenheft

Ziel des Software Requirements Engineering ist es, ein Pflichtenheft zu erarbeiten. Das Pflichtenheft ist sowohl für Auftraggeber als auch Auftragnehmer sehr wichtig, da es ein gemeinsames Dokument darstellt, in dem alle Anforderungen für ein Projekt enthalten sind.
Wichtig dabei ist auch, dass im Pflichtenheft nur festgehalten wird, was das System erfüllen muss und nicht wie diese Anforderungen erfüllt werden müssen.
Der „Was-Bereich" kennzeichnet sich beispielsweise aus durch allgemeine Anforderungen an das System oder Produkt. Im „Wie-Bereich" geht es bereits um die konkrete Realisierung des Systems.

In den folgenden Subkapiteln werden zunächst Charakteristika einer guten SRS beschrieben, anschließend werden funktionale und nicht funktionale Anforderungen erläutert. Abschließend wird noch die Struktur einer SRS nach dem IEEE-Standard 830-1998 aufgelistet.

3.1.1   Charakteristika einer guten SRS

Im IEEE Standard 830-1998 für Software Requirements Specifications [12] ist eine gute SRS charakterisiert durch:

- Korrektheit
  Alle im Dokument enthaltenen Anforderungen müssen den im Elicitation-Prozess tatsächlich erhoben Anforderungen entsprechen.

- Eindeutigkeit
  Anforderungen im Dokument sind eindeutig interpretierbar. Damit ist gemeint, dass jeder Leser die Anforderungen in gleicher Weise versteht und interpretiert.

- Vollständigkeit
  Alle Anforderungen hinsichtlich Funktionalität, Performance, externe Interfaces müssen genannt sein. Alle Informationen, die von den Informationsquellen gekommen sind, müssen im Dokument enthalten sein.

- Widerspruchsfreiheit
  Anforderungen im Dokument müssen konsistent sein. Widersprüchlichkeiten dürfen nicht vorkommen.

- Verifizierbarkeit
  Verifizierbar ist eine Anforderung dann, wenn diese qualitativ oder quantitativ beschreibbar und überprüfbar ist. ·

- Modifizierbarkeit
  Veränderungen von Anforderungen im Pflichtenheft müssen leicht, vollständig und ohne das Auftreten von Inkonsistenzen durchgeführt werden können.

- Nachvollziehbarkeit
  Ein Pflichtenheft ist dann nachvollziehbar, wenn Ursprünge (z.B. Stakeholders) von Anforderungen klar sind. Auch wenn das Softwareprodukt bereits fertig ist, müssen ursprüngliche Anforderungen noch erkannt werden.

- Verständlichkeit
  Eine SRS muss derart geschrieben sein, dass ohne vorhergehende Kenntnis der Materie, der Inhalt verstanden werden kann. Daher sollte eine einfache Sprache, möglichst ohne Fachbegriffe, verwendet werden.

3.1.2   Funktionale / nicht funktionale Anforderungen

Anforderungen im Pflichtenheft werden üblicherweise auch in funktionale und nicht funktionale Anforderungen unterteilt. Hochmüller [13] schreibt dazu folgendes:

- funktionale Anforderungen
  - → Beschreiben, was ein System können muss.
  - → Diese Anforderungen sind der Fokus des Analyseprozesses.
  - → Es gibt etliche Methoden, um diese Anforderungen herauszufinden.
  - → Es existieren Standardtechniken und –notationen, um diese Anforderungen zu repräsentieren.
  - → Sind leicht herauszufinden.
  - → Sind weitgehend voneinander unabhängig

- nicht funktionale Anforderungen
  - → Sind Bedingungen, die den Problembereich einschränken.
  - → Werden von Analyseprozessen oft ignoriert.
  - → Sind schwierig herauszufinden.
  - → Nur wenige Methoden sind bekannt, um diese Anforderungen zu spezifizieren.
  - → Können einander widersprechen.

Zusammenfassend kann gesagt werden, dass funktionale Anforderungen üblicherweise aus dem Analyseprozess klar hervorgehen können und die Funktion und das Verhalten des Systems beschreiben.
Nicht funktionale Anforderungen können oft nicht einer speziellen Funktion zugeordnet werden. Sie betreffen zumeist Anforderungen an das gesamte System wie Performance, Skalierbarkeit und Sicherheit. Trotz der unvergleichbar schwierigeren Analyse sind die nicht funktionalen Anforderungen nicht weniger wichtig als die funktionalen. Vielmehr kann die Nichterfüllung dieser Anforderungen sogar zum Fehlschlag des gesamten Projektes führen, da fehlende nicht funktionale An-

forderungen in ein bestehendes System meist nicht ohne erheblichen Zusatzaufwand integriert werden können.

3.1.3   SRS nach IEEE Standard 830-1998

Laut IEEE Standard 830-1998 [12] sollte ein Pflichtenheft über folgende Teile verfügen (es wird jedoch darauf hingewiesen, dass nicht alle Teile zwingend in jedem Pflichtenheft vorhanden sein müssen):

1. Introduction
    1.1 Purpose
    1.2 Scope
    1.3 Definitions, acronyms, and abbreviations
    1.4 References
    1.5 Overview
2. Overall description
    2.1 Product perspective
    2.2 Product functions
    2.3 User characteristics
    2.4 Constraints
    2.5 Assumptions and dependencies
3. Specific requirements
Appendixes
Index

Die Einleitung soll einen Überblick über die gesamte SRS geben.
Das Kapitel „Overall description" oder Gesamtbeschreibung soll einen Grobüberblick über das Produkt und die Anforderungen geben.
Erst im Kapitel „Specific requirements" sollen die Anforderungen detailliert aufgelistet und beschrieben werden.
Der Abschnitt „Specific requirements" kann nach verschiedenen Kriterien aufgebaut werden. Solche Kriterien sind beispielsweise Benutzergruppen, Objektklassen oder funktionale Hierarchien.

4 Pflichtenheft (SRS) für das Projekt PHSelect

Das Pflichtenheft des Projektes PHSelect wurde auf Grundlage des IEEE-Standards 830-1998 [12] angefertigt.

Die Entwicklung der Software ist insbesondere deswegen notwendig, da die zur Verfügung gestellte Software zur Abwicklung des Aufnahmeverfahrens unter www.zulassunglehramt.at die spezifischen Anforderungen des Aufnahmeverfahrens für die Primarstufe an Pädagogischen Hochschulen **nicht** entsprechend **abdeckt**.

4.1 Einleitung

In den folgenden Subkapiteln wird ein Gesamtüberblick über das Projekt PHSelect gegeben. Es werden Zweck, Zielbestimmungen, Definitionen, Akronyme, Abkürzungen, Referenzen sowie ein Überblick über das weitere Pflichtenheft beschrieben.

4.1.1 Zweck

Das vorliegende Pflichtenheft (Software Requirements Specification - SRS) bestimmt alle Merkmale, die das zu erstellende Softwareprodukt „PHSelect" enthalten soll bzw. enthält. Es handelt sich dabei um eine spezielle softwaretechnische Ergänzung des Aufnahmeverfahrens auf www.zulassunglehramt.at für Pädagogische Hochschulen.

Das Ziel des Softwaresystems ist ein möglichst ressourcenarmer Einsatz von Personal für das Aufnahmeverfahren.

4.1.2 Zielbestimmungen

Das Anmeldeportal auf www.zulassunglehramt.at erbringt im wesentlichen folgende Leistungen bzw. Funktionen [2]:

Modul A:
- Registrierung,
- Online Self-Assessment,
- Auswahl von Prüfungsort, Studienort und Studium sowie
- Einzahlung eines Kostenbeitrags

Modul B:
- Computerbasierter Zulassungstest
- Bestätigung der Studienwahl / Infoblatt oder Antrag auf Zulassung.

Modul C:
- Standardisiertes Face-to-Face Assessment

Das Softwaresystem PHSelect bietet dabei folgende ergänzende Funktionen an:
- Management von Terminen für das Modul B bzw. Modul C/C1/C2
- Importe und Exporte von und nach www.zulassunglehramt.at
- Verschiedene Verständigungen für Studienwerber_innen
- Reihungsermittlung der Studienwerber_innen nach Abschluss der Prüfungen

Das Softwaresystem PHSelect soll weltweit im Internet erreichbar sein, ohne dafür zusätzliche Software installieren zu müssen. Auf einer Oberfläche sollen sich die Benutzer mit personalisierten

Logins anmelden können und, abhängig von deren Benutzerkategorie, eine definierte Auswahl an Funktionen in deren Oberfläche angezeigt bekommen.

Als zentrales Ziel wird die Minimierung des administrativen Aufwandes zur Durchführung des Zulassungsverfahrens vorgegeben.

4.1.3 Definitionen, Akronyme, Abkürzungen

PHSelect   Softwareprodukt zur Durchführung des Zulassungsverfahrens
DBMS   Datenbankmanagement System
SRS   Software Requirements Specification

4.1.4 Überblick

Aufgrund der gegebenen Informationen unter „Zweck" und „Zielbestimmungen" befassen sich die weiteren Kapitel damit, die Funktionalität, Eigenschaften und Merkmale des Systems genauer zu spezifizieren. Das Kapitel „Gesamtbeschreibung" gibt generelle Faktoren an, die das Produkt und dessen Anforderungen beeinflussen. Das Kapitel „Spezifische Anforderungen" beinhaltet detaillierte Angaben zu Benutzergruppen und der geforderten Funktionalität.

Es wird angemerkt, dass alle personifizierten Bezeichnungen im Sinne des Gender-Mainstreaming sowohl männlich als auch weiblich verstanden werden.

4.2 Gesamtbeschreibung

Die Gesamtbeschreibung bietet neben den Umgebungsfaktoren des Produktes auch eine Grobübersicht der geforderten Produktfunktionalität. Weiters werden Benutzereigenschaften, Einschränkungen sowie Annahmen und Abhängigkeiten aufgeführt.

4.2.1 Produkt-Perspektive

In diesem Kapitel werden generelle Umgebungsfaktoren des Produktes beschrieben.

4.2.1.1 System Interfaces

Sowohl für das Betriebssystem als auch für das DBMS müssen Produkte verwendet werden, die nach Möglichkeit kostenfrei zur Verfügung stehen, um die Kosten der Entwicklung möglichst gering zu halten.

4.2.1.2 Kommunikation mit anderen Systemen

Grundsätzlich arbeitet das zu erstellende System unabhängig von anderen Systemen. Allerdings sind aufgrund des Workflows während dem Zulassungsverfahren mehrere Importe bzw. Exporte nach www.zulassunglehramt.at notwendig.

4.2.1.3 Software

Die Applikation soll mit Hilfe eines Webclients, möglichst browserunabhängig, weltweit verwendet werden können. Jedenfalls sollen Edge, Internet Explorer, Mozilla Firefox und Google Chrome unterstützt werden.

4.2.2   Produkt-Funktionen

Das System soll folgende Kernfunktionalität bieten:

4.2.2.1   Import / Export aus www.zulassunglehramt.at

Während des Ablaufs des Zulassungsverfahrens gibt es mehrere Interaktionen zwischen den Systemen www.zulassunglehramt.at und PHSelect. Hier sei beispielsweise der initiale Benutzerimport nach dem Ende der Registrierungsfrist genannt. Weiters müssen aber auch Exporte nach www.zulassunglehramt.at durchgeführt werden, beispielsweise die Termine der Teilnehmer für das Modul B. Auch dieser Export muss durch PHSelect automatisch erstellt werden können.

4.2.2.2   Terminkoordination der Teilnehmer und Prüfer

Das zentrale Element dieser Software ist die automatisierte Terminvergabe an Teilnehmer des Zulassungsverfahrens. Darin inbegriffen ist auch die Terminkoordination für Prüfer des Zulassungsverfahrens und die Zuweisung der entsprechenden Räumlichkeiten für die einzelnen Teilprüfungen.

4.2.2.3   Erstellung einer Reihung nach dem Ende des Zulassungsverfahrens

Nach Abschluss des gesamten Zulassungsverfahrens (Modul B, Modul C: F2F, C1, C2) muss das System ein Endergebnis und eine Reihung der Zulassungswerber erstellen.

Folgende Ergebnisse können dabei auftreten:
1. Zulassungsverfahren "nicht bestanden"
   a. Modul B nicht bestanden
   b. Modul B bestanden, mindestens ein Teilmodul von Modul C nicht bestanden
      In diesem Fall haben Studienwerber_innen sich prinzipiell für die Primarstufe beworben. Durch das positive Bestehen von Modul B haben diese Teilnehmer_innen aber die Möglichkeit, zum Studium der Sekundarstufe zugelassen zu werden.

2. Zulassungsverfahren "bestanden" und Studienplatz "positiv"
   In diesem Fall hat der/die Studienwerber_in alle Teilmodule bestanden. Aufgrund der beschränkten Anzahl an zur Verfügung stehender Studienplätze müssen die einzelnen Teilprüfungen nicht nur als bestanden bewertet, sondern auch gewichtet abgespeichert werden.

3. Zulassungsverfahren "bestanden" und Studienplatz "negativ"
   In diesem Fall wurden alle Teilmodule positiv bestanden, allerdings ist der/die Studienwerber_in in der Reihenfolge nicht im Bereich, um einen Studienplatz garantiert zugesagt zu bekommen.

4.2.3   Benutzereigenschaften

Die Benutzer, die das System verwenden, müssen keine besonderen Fähigkeiten aufweisen können. Das System soll, speziell für die Benutzergruppe der Verwaltung, intuitiv und effektiv die einzelnen Vorgänge des Zulassungsverfahrens abbilden.

4.2.4   Einschränkungen

Das System PHSelect soll prinzipiell auch die Möglichkeit bieten, eine Benutzerregistrierung der Zulassungswerber zuzulassen. Zum Gegenwärtigen Zeitpunkt ist diese Funktionalität jedoch nicht aktiviert.

4.2.5   Annahmen und Abhängigkeiten

Bei der Benutzerverwaltung ist das System abhängig von den zu importierenden Daten aus www.zulassunglehramt.at

4.3   Spezifische Anforderungen

In diesem Kapitel werden funktionale und nichtfunktionale Anforderungen an das System im Detail beschrieben.

4.3.1   Externe Schnittstellen

Die Applikation ist im Bereich der zu verwaltenden Benutzer abhängig vom Import der Benutzer aus www.zulassunglehramt.at.

4.3.2   Funktionale Anforderungen

Dieses Kapitel beschreibt die fundamentalen Bestandteile des Systems. Es beginnt mit der Unterscheidung der möglichen Benutzerrechte und beschreibt alle unbedingt notwendigen Funktionen im Detail.
Anmerkung: Bei den Benutzergruppen sind die jeweils verfügbaren Funktionen aufgelistet. In Klammer stehen dabei Verweise auf Kapitel, in denen die genannten Funktionen beschrieben werden.

4.3.2.1   Benutzergruppen

Benutzergruppen sind notwendig, um verschiedenartigen Benutzern des Systems verschiedene Rechte und Funktionen zuordnen zu können. Es gibt 3 verschiedene Benutzergruppen, wobei ein Benutzer nur genau einer Benutzergruppe angehören darf. Es kann jedoch notwendig sein, dass eine physikalische Person mehrere verschiedene Benutzerkonten besitzt.

4.3.2.1.1   Benutzergruppe Administrator

Die Mitglieder der Benutzergruppe der Administratoren müssen die Möglichkeit haben, folgende Eigenschaften des Systems verändern zu können:

- *Benutzer im System anlegen, bearbeiten oder löschen (4.3.2.2.2)*

- *Benutzer einer Benutzergruppe zuordnen* (4.3.2.2.3)
  Für jede Benutzergruppe soll es eine eigene Oberfläche mit spezifischen Funktionalitäten geben.

- *Eigenes Kennwort ändern* (4.3.2.2.4)

- *Import von externen Daten (4.3.2.2.5)*
  Dazu gehören Importe von www.zulassunglehramt.at. Importiert werden die Registrierungen der Zulassungswerber nach Anmeldeschluss, die Ergebnisse von Modul B sowie die Ergebnisse des F2F-Assessments.

- *Exporte* (4.3.2.2.6)
  Es sollen folgende Exporte nach www.zulassunglehramt.at durchgeführt werden:
  o Termine der Teilnehmer für das Modul B
  o Exportfiles für das F2F-Assessment

4.3.2.1.2   Benutzergruppe Verwaltung

Diese Benutzergruppe soll den operativen Ablauf des Zulassungsverfahrens durchführen. Dafür sind verschiedene Funktionen notwendig:

- *Abfrage von Statistiken und Ergebnissen (z.B. Anmeldezahlen) (4.3.2.2.7)*
- *Zuordnung der Termine für das Modul B und Modul C der Studienwerber (4.3.2.2.8) / Terminänderungen durchführen (4.3.2.2.9)*
- *Zuordnung der Prüfer für die einzelnen Teilüberprüfungen des Zulassungsverfahrens (4.3.2.2.10) / Zuordnung der Räume (4.3.2.2.11)*
- *Eintragen von Ergebnissen (4.3.2.2.12)*
- *Endergebniserstellung und Reihungsermittlung (4.3.2.2.13)*
- *Email-Verständigungen versenden (4.3.2.2.14)*

4.3.2.1.3   Benutzergruppe Abfragender (Studienwerber)

Mitglieder dieser Gruppe sind standardmäßig alle Studienwerber. Folgende Abfragen stehen zur Verfügung:
- *Abfrage Prüfungstermine*
- *Abfrage Endergebnisse*

4.3.2.2   Features

In den folgenden Unterkapiteln werden die geforderten Einzelfunktionen beschrieben. Die abgebildeten Tabellen geben Aufschluss darüber, für welche Benutzergruppe die jeweilige Funktion zur Verfügung steht. Ein Haken in den Tabellen bedeutet, dass die Funktion zur Verfügung steht und somit erlaubt ist. Ein Kreuz bedeutet, dass die Funktion nicht zur Verfügung steht.

4.3.2.2.1   Einloggen / Anmeldevorgang

Ein im System eingetragener Benutzer kann das System erst nutzen, wenn er angemeldet ist. Zum Anmelden sind Benutzername und Kennwort in den dafür vorgesehenen Feldern einzutragen.

Benutzergruppe	erlaubt
Administrator	✓
Verwaltung	✓
Studienwerber	✓

4.3.2.2.2   Benutzer im System anlegen, bearbeiten, löschen

Ein beliebiger Internet-Benutzer kann sich nicht ins System eintragen. Nur Mitglieder der Gruppe Administratoren können neue Benutzer anlegen.

Benutzergruppe	erlaubt
Administrator	✓
Verwaltung	✕
Studienwerber	✕

Der Registriervorgang beinhaltet folgende Angaben:

- ✓ Vorname
- ✓ Nachname
- ✓ Benutzerkennung

✓ Initiales Kennwort
✓ Email-Adresse
✓ Benutzergruppe

Die Speicherung eines Benutzers ist erfolgreich, wenn der Benutzername und die Email-Adresse innerhalb des Systems jeweils eindeutig sind.

Beim Bearbeiten können alle obigen Datenfelder geändert werden. Sollte ein Benutzer gelöscht werden müssen, so darf dieser nicht endgültig aus dem System genommen, sondern nur deaktiviert werden.

4.3.2.2.3 Benutzer einer Benutzergruppe zuordnen

Nur Mitglieder der Gruppe „Administratoren" können die Zugehörigkeit von Benutzern zu einer bestimmten Gruppe festlegen.

Benutzergruppe	erlaubt
Administrator	✓
Verwaltung	✗
Studienwerber	✗

4.3.2.2.4 Eigenes Kennwort ändern

Benutzergruppe	erlaubt
Administrator	✓
Verwaltung	✓
Studienwerber	✓

Mitgliedern aller Benutzergruppen ist es erlaubt, das eigene Kennwort zu ändern. Die Möglichkeit, Kennwörter anderer Benutzer zu ändern, hat nur die Gruppe der „Administratoren". Dies erfolgt in der Funktion *„Benutzer im System anlegen / bearbeiten / löschen"* (4.3.2.2.2).

4.3.2.2.5 Import von externen Daten

Der Import von externen Daten ist nur der Gruppe „Administratoren" erlaubt.

Benutzergruppe	erlaubt
Administrator	✓
Verwaltung	✗
Studienwerber	✗

Diese Feature ist ein zentrales Werkzeug für die Benutzergruppe der Administratoren. Nach dem Ende der Zulassungsfrist werden die notwendigen Daten der Studienwerber in das System PHSelect importiert.

Die Daten für den Studienwerberimport beinhaltet folgende Angaben:

✓ Vorname
✓ Nachname
✓ Benutzerkennung
✓ Initiales Kennwort
✓ Email-Adresse
✓ Benutzergruppe
✓ Auswahl des Studienortes (unverbindlich)
✓ Auswahl des Studiums (unverbindlich)

✓ Auswahl des Prüfungsortes für das Modul B (verbindlich)

4.3.2.2.6 Exporte

Benutzergruppe	erlaubt
Administrator	✓
Verwaltung	✗
Studienwerber	✗

Das System PHSelect wird vorwiegend für die Terminkoordination der Studienwerber verwendet. Die Termine für das Modul B müssen unter www.zulassunglehramt.at bekannt gegeben werden. Diese Termine werden mittels Exportfunktion nach www.zulassunglehramt.at exportiert. Sämtliche Durchführungen des Moduls B erhalten auch ein eigenes Kennwort, damit der elektronische Zulassungstest von den Studienwerbern überhaupt gestartet werden kann.

4.3.2.2.7 Abfrage von Statistiken und Ergebnissen

Benutzergruppe	erlaubt
Administrator	✗
Verwaltung	✓
Studienwerber	✗

Das Abfragen von zu definierenden Statistiken ist prinzipiell der Gruppe Verwaltung vorbehalten. Folgende Statistiken sind in jedem Fall notwendig:
- Anzahl der Studienwerber_innen für das Modul B an der jeweiligen Hochschule
- Anzahl der Studienwerber_innen für Primar- bzw. Sekundarstufe an der jeweiligen Hochschule

4.3.2.2.8 Zuordnung der Termine für das Modul B und Modul C der Studienwerber

Benutzergruppe	erlaubt
Administrator	✗
Verwaltung	✓
Studienwerber	✗

Nach dem Import der registrierten Studienwerber_innen werden automatisch Termine für das Modul B und Modul D durch das System PHSelect generiert. Dieser Vorgang muss jedoch durch einen Benutzer der Gruppe Verwaltung angestoßen werden.
Die einzelnen Termine bzw. Terminverständigungen können dann ebenfalls durch das System an die einzelnen Studienwerber_innen versendet werden.

4.3.2.2.9 Terminänderungen durchführen

Benutzergruppe	erlaubt
Administrator	✗
Verwaltung	✓
Studienwerber	✗

Sollten, aus welchen Gründen auch immer, Terminänderungen bei den einzelnen Studienwerber_innen notwendig werden, so können diese durch Mitglieder der Gruppe Verwaltung durchgeführt werden. Nach einer Terminänderung ist eine neuerliche Verständigung per Email von betroffenen Studienwerber_innen obligat.

4.3.2.2.10 Zuordnung der Prüfer für die einzelnen Teilüberprüfungen des Zulassungsverfahrens

Benutzergruppe	erlaubt
Administrator	✘
Verwaltung	✓
Studienwerber	✘

Für alle Einzeltermine von Modul B und Modul C ist zumindest eine Prüfungsperson notwendig. Die Zuordnung von Prüfungspersonen zu den einzelnen Teilüberprüfungen erfolgt durch Mitglieder der Gruppe Verwaltung.

4.3.2.2.11 Zuordnung der Räume

Benutzergruppe	erlaubt
Administrator	✘
Verwaltung	✓
Studienwerber	✘

Für alle Einzeltermine von Modul B und Modul C ist die Zuordnung eines Raumes notwendig. Die Zuordnung von geeigneten Räumen zu den einzelnen Teilüberprüfungen erfolgt durch Mitglieder der Gruppe Verwaltung.

4.3.2.2.12 Eintragen von Ergebnissen

Benutzergruppe	erlaubt
Administrator	✘
Verwaltung	✓
Studienwerber	✘

Ergebnisse des Moduls B kommen aus dem System www.zulassunglehramt.at. Diese Ergebnisse werden dort exportiert und für alle Studienwerber_innen in das System PHSelect importiert.
Ebenfalls werden die Ergebnisse des F2F-Assessments durch eine Export/Import-Datei aus www.zulassunglehramt.at im System PHSelect eingespielt.
Die Ergebnisse von C1 und C2 müssen durch die Gruppe der Verwaltung bei den einzelnen Studienwerber_innen eingetragen werden.

4.3.2.2.13 Endergebniserstellung und Reihungsermittlung

Benutzergruppe	erlaubt
Administrator	✘
Verwaltung	✓
Studienwerber	✘

Prinzipiell erfolgt das Generieren des Endergebnisses automatisch. Dennoch muss dieser Vorgang erst durch ein Mitglied der Gruppe Verwaltung initiiert werden.

4.3.2.2.14 Email-Verständigungen versenden

Benutzergruppe	erlaubt
Administrator	✘
Verwaltung	✓
Studienwerber	✘

Während des Ablaufs des Zulassungsverfahrens sind mehrere Emailverständigungen an die Studienwerber_innen notwendig:

- Termine für das Modul B
- Termine für das Modul C
- Terminänderungen
- Versand der Endergebnisse

4.3.3 Projektnebenbedingungen

Hier werden nichtfunktionale Anforderungen angeführt, die zusätzlich zu den bisher dokumentierten funktionalen Anforderungen erfüllt werden müssen.

4.3.3.1 Leistungsanforderungen

Alle berechtigten Benutzer sollen gleichzeitig im System angemeldet sein können. Dabei soll es zu keinen zeitlichen Verzögerungen bei der Benutzung von Funktionen kommen. Die derzeit geplante Benutzeranzahl wird mit insgesamt ca. 200 Benutzern beziffert.

4.3.3.2 Betriebsbedingungen

Das System soll sich bezüglich der Betriebsbedingungen nicht wesentlich von anderen Internetdiensten bzw. -anwendungen unterscheiden. Die tägliche Betriebsdauer beträgt 24 Stunden.

4.3.3.3 Recovery / Backup – Strategie

Das gesamte System soll täglich gesichert werden. Die Sicherung kann auf einem anderen Server innerhalb der PH Kärnten durchgeführt werden.

4.3.3.4 Security / Privacy

Die Applikation ist weltweit verfügbar. Eine sichere Verbindung zur Webseite per https ist obligat vorgeschrieben. Mögliche Datenabfragen der verschiedenen Benutzergruppen sind im Kapitel 4.3.2.1.3 festgelegt.

4.3.3.5 Erweiterbarkeit

Die Applikation ist so zu gestalten, dass eine zukünftige Erweiterung, sowohl in Richtung der verwalteten Daten als auch verwendeten Funktionen, möglich ist.

4.3.3.6 Usability

Das System soll so gestaltet sein, dass vor allem Mitarbeiter der Verwaltung effektiv und effizient arbeiten können. Weiters soll das System die Mitarbeiter bei ihrer Arbeit nicht behindern. Die notwendigen Arbeiten der Mitarbeiter sollten mit möglichst geringem Zeitaufwand durchgeführt werden können.

5 Use Cases

Als Grundlage für die Beschreibung von Use Cases (Anwendungsfälle) wurde die Spezifikation der Object Management Group (OMG) [14] sowie das Buch „UML @ work" [15] verwendet.

UML stellt zur Verhaltensmodellierung sieben verschiedene Modellierungsmethoden zur Verfügung, wobei die einzelnen Methoden in verschiedenen Phasen des Entwicklungsprozesses eingesetzt werden.

Das Use-Case-Diagramm modelliert hierbei Use Cases als Funktionen eines Systems auf hohem Abstraktionsnivau. Es werden dabei nur Anwendungsfälle aus der Sicht des Benutzers definiert, welche dieser wahrnehmen und ausführen kann. Prinzipiell versteht man unter einem Anwendungsfall ein erwartetes Verhalten eines Systems.

5.1 Beziehungen zwischen Anwendungsfällen

Im Folgenden werden Beziehungen beschrieben, die im Use-Case-Diagramm für das Softwareprojekt PHSelect verwendet werden.

5.1.1 include- oder uses-Beziehung

Nach [15]:

„Eine include-Beziehung ist eine gerichtete Beziehung zwischen zwei Anwendungsfällen. Eine include-Beziehung von Anwendungsfall A nach Anwendungsfall B besagt, dass das Verhalten von B in A eingefügt wird."

Das heißt, das Verhalten von B wird für A wiederverwendet.

Folgendes Beispiel gilt für das Projekt PHSelect:

Zwischen den beiden Anwendungsfällen *Benutzer anlegen / bearbeiten / löschen* und *Benutzergruppenzugehörigkeit festlegen* besteht eine „uses"- oder „include"-Beziehung mit dem Pfeil von *Benutzer anlegen / bearbeiten / löschen* in Richtung *Benutzergruppenzugehörigkeit festlegen*. Dies bedeutet, dass jedes Mal, wenn *Benutzer anlegen / bearbeiten / löschen* ausgeführt wird, auch der Anwendungsfall *Benutzergruppenzugehörigkeit festlegen* ausgeführt wird.

5.1.2 extend-Beziehung

Nach [15]:

„Eine extend-Beziehung ist ebenfalls eine gerichtete Beziehung zwischen zwei Anwendungsfällen. Eine extend-Beziehung von Anwendungsfall B nach Anwendungsfall A besagt, dass das Verhalten von B in A eingefügt werden kann."

Das heißt, das Verhalten von B kann in A als zusätzliche Funktionalität verwendet werden.

Beispiel aus dem Projekt PHSelect:

Der Anwendungsfall *Anwendung verwalten* ist Ziel von extend-Beziehungen aus anderen Anwendungsfällen (z.B.: *Teilergebnisse exportieren)*. Dies bedeutet, dass der Anwendungsfall *Anwendung verwalten* alle Tätigkeiten umfasst, die ein Administrator ausführen kann.

5.2   Use-Case-Diagramm für das Projekt PHSelect

Das vorliegende Use-Case-Diagramm (Abbildung 3) bildet das System aufgrund der Pflichtenheftvorgaben ab.

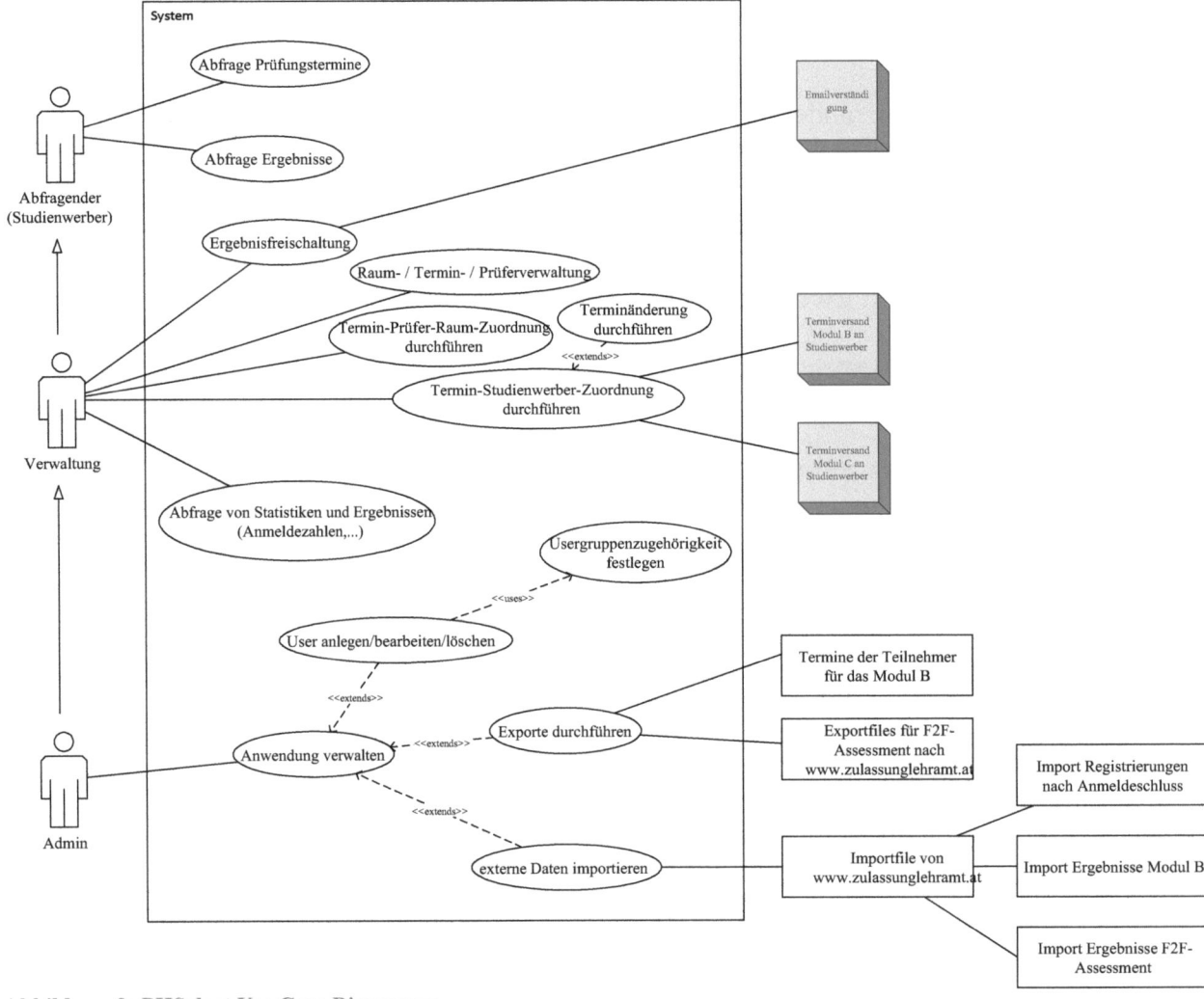

Abbildung 3: PHSelect Use Case Diagramm

In Abbildung 3 ist zu sehen, dass grundsätzlich drei verschiedene Gruppen von Aktoren (Administratoren, Verwaltung und Abfragende) existieren. Den einzelnen Benutzergruppen stehen verschiedene Berechtigungen und Funktionen zur Verfügung. Der Administrator hat die Aufgabe, die Anwendung zu verwalten. Dazu zählen:

- *externe Daten importieren, insbesondere gehört dazu:*
    - o *Import der Registrierungsdaten der Studienwerber nach Anmeldeschluss*
    - o *Import der Ergebnisse des Moduls B*
    - o *Import der Ergebnisse des F2F-Assessments*
- *Benutzer anlegen / bearbeiten / löschen*
- *Benutzergruppenzugehörigkeit festlegen*

Die Gruppe der Verwaltung hat folgende Aufgaben und Möglichkeiten:

- *Raum- / Termin- / Prüferverwaltung*
- *Termin-Prüfer-Raum-Zuordnung durchführen*
- *Termin-Studienwerber-Zuordnung durchführen*
    - o *Terminänderungen durchführen*

- *Ergebnisfreischaltung für Studienwerber*

Im Use-Case-Diagramm sieht man weiters, dass nach der Zuordnung von Terminen an Studienwerber jeweils eine Benachrichtigungsemail versendet werden kann. Auch nach der Freischaltung der Ergebnisse wird eine Benachrichtigung als Email versendet.

Die Gruppe der Abfragenden, damit sind die Studienwerber gemeint, hat folgende Möglichkeiten:
- *Abfrage von Prüfungsterminen*
- *Abfrage der Ergebnisse*

6　　Konzeptuelles Datenmodell

Aufgrund des vorliegenden Pflichtenheftes und des Anwendungsfalldiagramms wird zuerst ein konzeptuelles Datenmodell entwickelt und anschließend der logische Entwurf durchgeführt. Für das konzeptuelle Datenmodell wird das Entity-Relationship-Modell (ER-Modell) in der Notation nach Chen [16] verwendet.

In Abbildung 4 ist das ER-Diagramm für das Projekt PHSelect zu sehen. Zu dieser Abbildung gibt es folgende Erläuterungen:

- Entitätstyp **Benutzergruppe:**
  Es gibt verschiedene Benutzergruppen mit unterschiedlichen Berechtigungen (Administrator, Verwaltung, Studienwerber).

- Entitätstyp **Benutzer:**
  Es existieren mehrere Benutzer. Jeder Benutzer ist dabei Mitglied von genau einer Benutzergruppe. Einer Benutzergruppe können mehrere User zugeordnet sein. Der Entitätstyp Benutzergruppe steht somit zum Entitätstyp Benutzer in einer 1:n-Beziehung („besteht aus").

- Entitätstyp **Prüfungsort:**
  Studienwerber (Benutzer) wählen während der Anmeldephase den Prüfungsort für das Modul B. Die Wahl dieses Prüfungsortes ist verbindlich.
  Jeder Benutzer hat somit genau einen Prüfungsort aber jeder Prüfungsort hat mehrere Prüfungsteilnehmer (Benutzer). Somit stehen Benutzer und Prüfungsort in einer 1:n-Beziehung.

- Entitätstyp **Studienort:**
  Studienwerber (Benutzer) wählen während der Anmeldephase den Studienort für das zukünftige Studium. Diese Wahl ist zunächst unverbindlich. Nach erfolgreichem Abschluss von Modul B ist jedoch eine verbindliche Auswahl zwingend vorgesehen.
  Jeder Benutzer gehört somit zu einem Studienort aber jeder Studienort hat mehrere Studenten (Benutzer). Somit stehen Studienort und Benutzer in einer 1:n-Beziehung.

- Entitätstyp **Studium**
  Studienorte bieten in der Regel mehrere Studien an. Ein Studium ist aber immer an einen Studienort gebunden. Somit stehen Studium und Studienort in einer 1:n-Beziehung.

- Entitätstyp **Termin**
  Jeder Prüfungsort bietet zumindest Termine für das Modul B (elektronischer Zulassungstest) an. Es kann aber auch sein, dass zusätzlich Termine für das Modul C notwendig sind.
  Modul B:
  Jeder Prüfungsort bietet in der Regel mehrere Termine für das Modul B an. Ein Termin gehört jedoch genau zu einem Prüfungsort. Somit stehen Prüfungsort und Termin (für Modul B) in einer 1:n-Beziehung.
  Modul C:
  Nach dem erfolgreichen Bestehen des Moduls B müssen Studienwerber verbindlich einen Studienort und ein dazugehöriges Studium wählen. Im Falle der Pädagogischen Hochschule Kärnten sind dann noch drei zusätzliche Termine für das Modul C zu absolvieren.
  Daher ist der Entitätstyp Studium über den Relationshiptyp "gehört zu" mit dem Entitätstyp Termin verbunden. Bei der Beziehung handelt es sich um eine 1:n-Beziehung, da zu einem

Studium mehrere Termine gehören, ein Termin jedoch zu genau einem Studium. Die Unterscheidung der einzelnen Termine erfolgt über das Attribut "termin_name".

- Entitätstyp **Prüfer**
  Jeder Termin für das Modul B benötigt in der Regel mindestens einen Prüfer. Ein Prüfer kann jedoch nur bei genau einem Termin anwesend sein.
  Somit stehen Termin und Prüfer (für das Modul B) in einer 1:n-Beziehung.

- Entitätstyp **Raum**
  Jeder Termin für das Modul B benötigt in der Regel mindestens einen Raum. Ein Raum kann jedoch nur bei genau einem Termin vergeben werden.
  Somit stehen Termin und Raum (für das Modul B) in einer 1:n-Beziehung.

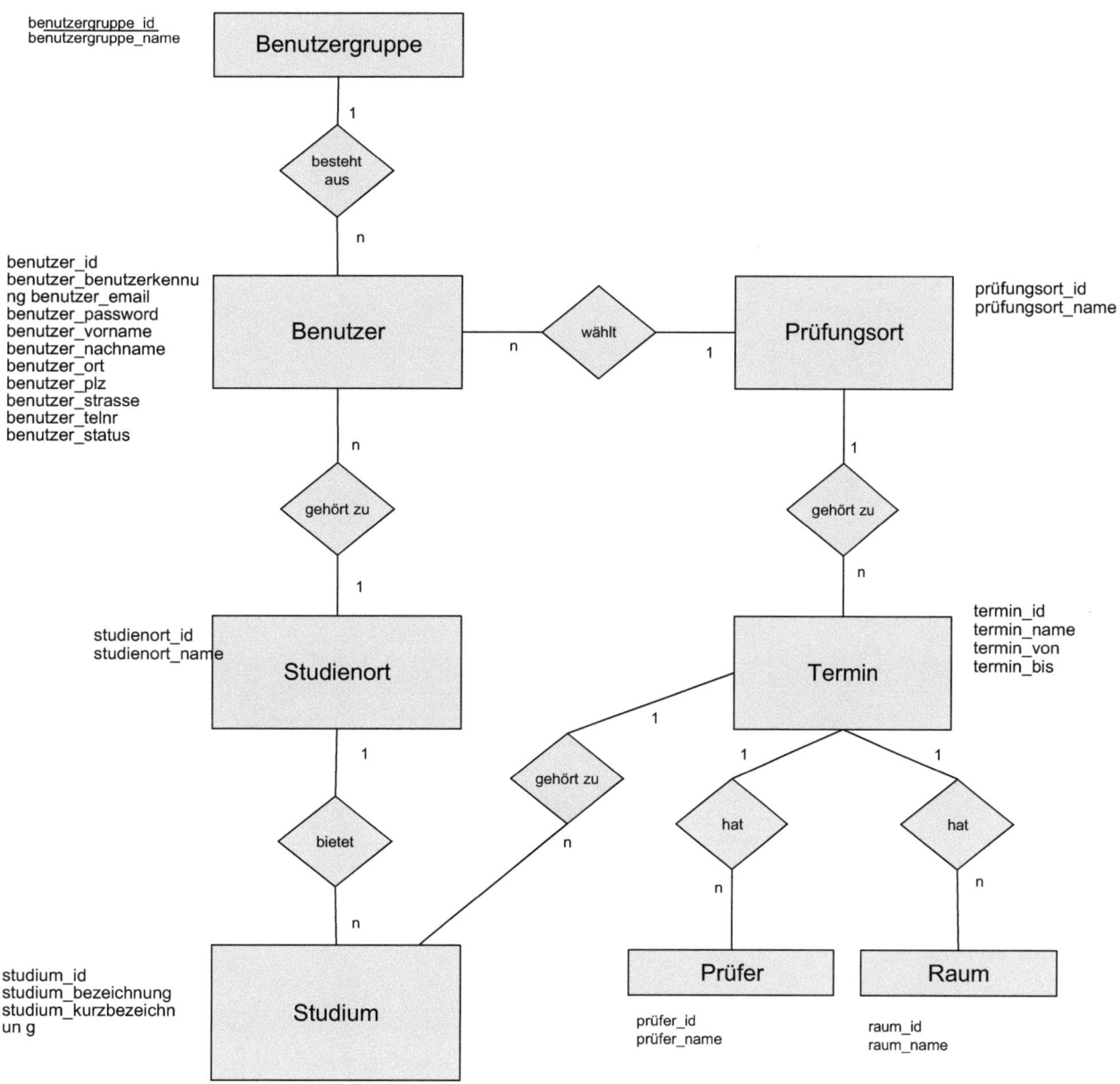

Abbildung 4: PHSelect ER-Diagramm

7   Zusammenfassung

Das Softwareprojekt PHSelect dient dazu, die unter www.zulassunglehramt.at bereitgestellten Funktionalitäten für die Durchführung des Zulassungsverfahrens zu ergänzen. Spezielles Ziel dabei ist es, den zeitlichen und personellen Aufwand für die Administration des Zulassungsverfahrens zu minimieren.

Es wurden zunächst Anforderungen herausgearbeitet, um additive Funktionalitäten der Software PHSelect gegenüber www.zulassunglehramt.at zu identifizieren. Daraus wurde im nächsten Schritt ein Pflichtenheft erstellt, das alle notwendigen Anforderungen und Funktionen enthält. Das Pflichtenheft bildet die Grundlage für den weiteren Entwicklungsprozess. Probleme und mögliche Erweiterungen können damit leichter gelöst werden. Auf Grundlage des Pflichtenheftes wurde nun ein konzeptuelles Datenbankmodell entwickelt, welches wiederum die Grundlage für den logischen Datenbankentwurf und die zu realisierende Software darstellt.

8   Literaturverzeichnis

[1] Entwicklungsverbund Süd-Ost, *"Curricula - Bachelorstudium im Bereich der Primarstufe"*, PH Steiermark, PH Burgenland, PH Kärnten, pp. 20-21, 2015.

[2] Karl-Franzens-Universität Graz, *"Handbuch - Allgemeines Aufnahmeverfahren für Lehramtsstudien"*, Graz, 2019.

[3] W. W. Royce, *"Managing The Development of Large Software Systems"*, Proceedings of IEEE WESCON, pp. 1-9, 1970.

[4] B. W. Boehm, *"A Spiral Model of Software Development and Enhancement"*, *IEEE Computer. Vol 21, pp. 61-72, 5 Mai 1988.*

[5] R. Budde, K. Kautz, K. Kuhlenkamp und H. Züllighoven, *"Prototyping - An Approach to Evolutionary System Development"*, Berlin, Heidelberg: Springer, 1992.

[6] IEEE, *"IEEE Standard Glossary of Software Engineering Terminology"*, 1990.

[7] J. C. Leite, *"A Survey on Requirements Analysis. Advanced Software Engineering Project Technical Report RTP-071 "*, University of California at Irvine, 1987.

[8] I. Sommerville und P. Sawjer, *"Requirements Engineering - A Good Practice Guide"*, John Wiley & Sons, 1997.

[9] W. E. Rzepka, *"A Requirements Engineering Testbed: Concept, Status, and First Results"*, Proceedings of the Twenty-Second Annual Hawaii International Conference on System Sciences, pp. 339-347, 1989.

[10] A. M. Hickey und A. M. Davis, *"Elicitation Technique Selection: How Do Experts Do It?"*, Requirements Engineering Conference. Proceedings of the 11th IEEE International, pp. 169-178, 2003.

[11] P. Loucopoulos und V. Karakostas, *"System Requirements Engineering"*, London: McGraw-Hill Book Company, pp. 25-26, 1995.

[12] IEEE, *"IEEE Recommended Practice for Software Requirements Specifications"*, 1998.

[13] E. Hochmüller, *"Requirements Classification as a First Step to Grasp Quality Requirements"*, Proceedings of the Third International Workshop on Requirements Engineering: Foundations of Software Quality REFSQ'97, pp. 133-144, Juni 1997.

[14] OMG - Object Management Group, UML Version 2.5.1 Spezifikation, Internet: https://www.omg.org/spec/UML/2.5.1/, Dezember 2017, zuletzt besucht: 28 Juli 2019.

[15] M. Hitz, G. Kapel, E. Kapsammer und W. Retschitzegger, *"UML @ Work - Objektorientierte Modellierung mit UML 2"*, Heidelberg: dpunkt.verlag, pp- 173-186, 2005.

[16] P. P. Chen, *"The Entity-Relationship Model-Toward a Unified View of Data"*, *ACM Transactions on Database Systems, Bd. 1, pp. 9-36, 1976.*